L'ENSEIGNEMENT

DE LA

PHILOLOGIE ROMANE

A PARIS ET EN ALLEMAGNE (1883-1885)

Rapport à M. le Ministre de l'Intérieur et de l'Instruction publique

PAR

M. WILMOTTE

Professeur à l'École Normale des Humanités.

BRUXELLES
IMPRIMERIE POLLEUNIS, CEUTERICK & LEFÉBURE
35, RUE DES URSULINES, 35

1886

INTRODUCTION

Les spécialistes excuseront-ils un titre qui promet plus que ce rapport ne tient ? En réalité, ce n'est qu'à Berlin et à Halle que j'ai pu, comme on le verra en lisant ces notes, apprécier l'excellence de l'enseignement de la philologie romane en Allemagne. Les maîtres qui la professent dans ces deux universités suffisent, sans doute, à nous renseigner sur l'état si prospère de ces études au delà du Rhin. Mais il serait injuste de refuser pour cela aux leçons de leurs collègues la part d'utilité et d'actif dévouement qui leur revient. Mes excuses s'adressent donc surtout à M. Foerster, que j'ai d'ailleurs connu et apprécié plus tard à Bonn, et à MM. Grœber, Hofmann, Stengel et Vollmœller, respectivement professeurs à Strasbourg, à Munich, à Marbourg et à Gœttingue.

On trouvera peut-être aussi que ce rapport s'interdit trop les considérations d'ordre technique, tandis qu'il s'attache à des informations de peu de poids. Mais je prie ceux qui partageraient cet avis de réfléchir, que ces informations assez ordinaires manquaient à notre public lettré, qui a été, au moins en Belgique, laissé jusqu'aujourd'hui dans une ignorance complète des progrès de la science romane.

Après avoir remercié le Gouvernement qui a ordonné l'impression de mon rapport, je tiens à exprimer à mon premier maître, M. J. Stecher, professeur de littérature classique à l'Université de Liège, toute la reconnaissance que je lui dois pour les conseils et les encouragements que, depuis cinq années, il n'a cessé de me prodiguer.

Monsieur le Ministre,

J'ai l'honneur de vous adresser le rapport prescrit par l'article 19 de l'arrêté organique du 25 juillet 1882. Ce rapport comprendra deux parties. La première est l'exposé des observations que j'ai pu faire, pendant un séjour d'une année à Paris et de deux semestres universitaires en Allemagne, sur l'enseignement de la philologie romane. La seconde partie, sous forme d'appendices, contient une courte notice sur Jehan le Venelais et le texte d'un poème religieux, que j'ai copié à Berlin, pendant l'été de 1885, et collationné à la bibliothèque de l'Arsenal, à Paris.

PARIS.

L'étude de la philologie romane présente des caractères bien tranchés en France et en Allemagne. En France, en dépit d'essais louables de décentralisation, c'est Paris qui constitue le véritable foyer scientifique et qui groupe les efforts les plus distingués. En Allemagne, ces efforts sont répartis, avec beaucoup de sagesse, sur toute la surface du pays; il est permis toutefois de constater que le progrès des études romanes s'accentue de plus en plus dans le Nord. La Prusse compte aujourd'hui parmi les professeurs de ses Universités les trois représentants les plus remarquables de cette science: M. Tobler à Berlin, M. Fœrster à Bonn et M. Suchier à Halle.

A Paris, l'ancienne langue française, la plus cultivée des langues romanes, est l'objet d'un enseignement fixe à la Sorbonne, au Collège de France et à l'École des Chartes. Par suite, le professeur ne jouit que d'une liberté relative: sans doute il peut choisir, dans l'ensemble des matières que comporte cet enseignement, celle qui s'accorde le plus heureusement avec ses aptitudes spéciales ou ses travaux actuels; mais il ne peut quitter entièrement un domaine pour l'autre, enseigner, par exemple, la syntaxe française pendant un semestre et la grammaire espagnole pendant l'autre, comme c'était le cas pour M. Tobler, à Berlin, en 1884-85. C'est pourquoi les cours de l'École pratique des Hautes-Études ont une utilité incontestable à côté de ceux qui ont été institués dans les établissements d'instruction précités; ils ont seuls le caractère d'entière liberté qui est si favorable au développement des spécialités scientifiques. L'École comprend donc une section de philologie romane, avec un directeur, M. Paris, et un ou deux maîtres de conférences. En 1884, M. Gilliéron étudiait certains patois du Nord de la France; depuis 1885, il a pour collègue M. Morel-Fatio, qui fait l'histoire de la littérature catalane. Je ne cite que pour mémoire le cours de roumain, que M. Picot fait à l'École des langues orientales vivantes, car il a une destination plutôt pratique, conformément au programme général de cette École.

Je passerai en revue, Monsieur le Ministre, l'enseignement de ces divers maîtres, en le caractérisant aussi exactement que possible dans sa méthode et dans son objet.

M. GASTON PARIS.

Je n'oublierai jamais l'impression que j'ai éprouvée en écoutant la première leçon de M. Paris à l'École des Hautes-Études. Dans cette salle exiguë, tapissée de gros livres, avec ses étroites et basses fenêtres qui filtrent un jour assez faible, le maître semble encore grandir en autorité et en ascendant. M. Paris est parvenu aujourd'hui au plus haut degré de la renommée scientifique. En vingt ans il a plus fait pour les études qu'il honore que tous ses prédécesseurs français réunis. Il a apporté une méthode et des doctrines nouvelles dans l'histoire littéraire, dans l'art d'éditer les textes et même dans la critique courante des revues et des journaux techniques.

C'est de son édition du *Saint Alexis* (1872) que date, dans la philologie romane, l'avènement de la critique rigoureuse et vraiment scientifique. La classification des manuscrits, dont M. Paris a tracé magistralement les règles, et l'étude de la langue d'une œuvre sont considérées désormais comme les prolégomènes de toute publication sérieuse de textes anciens. Aussi distingue-t-on, en Allemagne, ce qui a paru *vor und nach dem Alexius* (1), et apprécie-t-on un éditeur d'après ce critère. La *Lettre à* M. Léon Gautier sur *la versification latine rhythmique* (Paris 1866) n'avait pas eu moins de retentissement dans un autre domaine, et qui ne connaît ces chefs-

(1) M. Tobler, dont *li dis dou vrai aniel* (1871) a été réédité en 1884, s'excuse de n'avoir pas remanié son introduction philologique, qui précéda la préface de l'*Alexis* : " Stand man damals doch noch in der Zeit vor dem Alexius " (XXXIV).

d'œuvre de finesse érudite: *Les Contes orientaux dans la littérature française du Moyen-Age* (1875), *Le Petit-Poucet et la Grande Ourse* (id.), *La Légende du Juif-Errant*, etc.? Enfin l'*Histoire poétique de Charlemagne* (1865) a fait accomplir à l'histoire littéraire un pas considérable, en montrant, à un degré jusque-là inconnu, les féconds résultats de la méthode comparative.

Ajoutez à ces titres précieux le talent d'enseigner, d'intéresser et de retenir, un art tout français de transvaser et de clarifier une science de bénédictin, d'animer le moindre commentaire philologique, en un mot tous les avantages que procure une situation privilégiée, celle d'un Français qui parle à des Français de leur France, de la langue qu'on parlait dans ces mêmes lieux il y a de longs siècles, et qui *évoque* en expliquant.

Voilà l'homme qu'il m'a été donné d'entendre, en 1884, à l'École des Hautes-Études et au Collège de France. Dans le premier de ces établissements, M. Paris enseignait publiquement (1) la syntaxe de l'ancien français et il dirigeait chez lui des exercices, réservés aux élèves de seconde année. Chacun des deux cours n'occupait qu'une seule heure par semaine. Il en résulte que l'exposé de la syntaxe devait être partiel et se limiter à l'ensemble des phénomènes qui différencient la vieille langue de la moderne. Les leçons de M. Paris sont rédigées avec la précision et la conscience des meilleurs *Collegien* allemands. La bibliographie est nourrie; tout ce qui a été écrit sur la question traitée est énuméré, analysé et apprécié sommairement. S'agit-il, par exemple, de l'ordre

(1) Ce mot dans un sens restreint, car il faut être inscrit, agréé par le professeur et faire preuve d'assiduité.

des mots, qui a été l'objet de tant d'études depuis Diez? Les travaux de MM. Lecoultre, Morf, Krueger, Vœlcker, Schlickum, etc., sont cités et utilisés avec à propos.

Au début, sans s'attarder à des généralités superflues, le maître étudie avec soin cette vieille question si débattue de la formation du cas régime. Un historique nous introduit dans le vif du débat; M. Paris accepte les arguments de Diez en faveur de l'accusatif, il en ajoute d'autres; et c'est toujours ainsi: sur chaque point il a des vues et des notes personnelles. Après Diez, le nom le plus souvent prononcé, au cours de la conférence, est celui de M. Tobler, l'auteur des *Vermischte Beitræge zur grammatik des Franzœsischen*. Toujours M. Paris tient compte des différences de temps et de lieux; toujours, dans une même région, il distingue une catégorie d'œuvres de l'autre; il substitue ainsi à la vieille chronologie des faits grammaticaux, si commode en sa concision et son uniformité, des données multiples, des dates variées, tantôt plus avancées, tantôt moins pour telle ou telle province de l'ancienne France. Par exemple, l'unification des cas ne s'est pas accomplie en même temps en Normandie, dans l'Ile-de-France; en Lorraine, en Bourgogne et en Picardie; il est certain qu'elle a commencé beaucoup plus tôt dans les premières de ces régions et ne s'est achevée qu'assez tard dans les autres.

Mais le triomphe de ce maître, c'est le cours qu'il a inauguré au Collège de France, il y a déjà plusieurs années, pendant le semestre d'été. Ce cours porte sur la phonétique de la langue française et est organisé de telle sorte qu'un seul son peut fournir la matière d'un enseignement de deux heures par semaine pendant l'étendue du semestre. Même, en 1884 et 1885, M. Paris n'a pu étudier qu'une seule consonne, la liquide *l*. Il a envisagé successivement *l* isolé, *l* double (1884) et *l* contigu à une autre consonne (1885). Si l'on ne considère que les résultats généraux de ce long exposé, on trouvera peut-être que les vues de Diez, dans sa *Grammaire des langues romanes*, ne sont pas essentiellement modifiées (1). Qu'est-ce donc qui assure un si haut intérêt à ces minutieuses recherches, en apparence si dénuées de charme? C'est évidemment la méthode du professeur et sa longue expérience en ces matières. Le premier cas, celui de *l* isolé, fournit à M. Paris les développements suivants : *L* peut être initial, médial ou final. Initial, *l* persiste, sauf dans un nombre infime de mots bien connus. Médial, *l* restera isolé, ou se trouvera en contact avec une consonne, ou deviendra final. M. Paris procède alors à l'examen de toutes les voyelles qui peuvent précéder la liquide ; il communique notamment des observations intéressantes sur le suffixe *-olus ;* il renouvelle cet examen à propos des différentes consonnes qui peuvent être contiguës à *l*, en les rangeant d'après leur nature phonétique. Parfois une seule forme suffirait à remplir le maigre

(1) Il est cependant un point d'ordre général sur lequel M. Paris a réformé les vues de son prédécesseur. A l'antique division des sons vocaliques en *longs, brefs* et *en position*, il a substitué la division plus scientifique en *voyelles libres et entravées* et en *voyelles longues et brèves*, c'est-à-dire quatre catégories pour chaque son, et il a étendu ce système des toniques aux atones. (*Romania* X, p. 36 et suiv.) M. Cloetta, dans la préface de son édition du *Poème Moral* (Erlangen, 1886), parle avec ferveur de cet enseignement de M. Paris au Collège de France " denen beigewohnt zu haben mir stets eine Quelle der grœssten Freude und des hœchsten geistigen Genusses sein wird. „ En deux ans et demi, M. Cloetta n'entendit traiter que trois voyelles d'une manière complète; *a* et les deux linguales (VI).

espace d'une leçon, si l'on n'avait hâte de passer à d'autres et d'aboutir.

M. Paris a dressé, pour ainsi dire, l'arbre généalogique de certaines personnes verbales ; *volet* latin lui fournit plus de vingt rejetons français, dont chacun est expliqué phonétiquement, rattaché à la souche primitive et apostillé d'exemples, empruntés à des textes de temps et de lieux différents.

Pendant le semestre d'hiver, en 1883-84, M. G. Paris faisait l'histoire des romans de Table-Ronde une heure par semaine, et il consacrait l'autre heure à expliquer un fragment du *Chevalier au Lion*, de Crestien de Troyes, dont il avait fait imprimer un texte critique spécial. En 1885-86, il étudiait la littérature française du XVe siècle et commentait des poésies de Villon.

Je n'ai pu assister aux exercices qui occupaient la seconde heure de son enseignement à l'École des Hautes-Études, parce qu'ils étaient réservés aux élèves d'un an.

M. PAUL MEYER.

Le cours de langues romanes à l'École des Chartes est fait par M. Paul Meyer, qui professe également au Collège de France. Ce cours s'adresse à des élèves qui ambitionnent le diplôme d'archiviste-paléographe ; il a donc un but spécial : pratique avant tout, il doit mettre ces jeunes gens en état de déchiffrer un texte en langue vulgaire du Nord ou du Sud de l'ancienne France. Ainsi l'a bien entendu M. Meyer. Les leçons sont des modèles de clarté et de concision; elles dédaignent l'étalage un peu pédantesque des *privatim* d'outre-Rhin; on y reconnaît les fruits d'une expérience déjà longue et d'un travail personnel immense.

M. Meyer est d'ailleurs, avec M. Paris, le plus illustre et le plus fécond des romanistes français. Pas de livraison de la *Romania* qui ne contienne de lui un article plus ou moins développé, la notice d'un manuscrit ou bien quelque critique approfondie. Il collabore activement aussi à d'autres recueils, notamment à la *Bibliothèque de l'École des Chartes* et au *bulletin* de la Société des anciens textes français, où il a publié de nombreuses descriptions de manuscrits, importants pour l'étude de nos anciens idiomes.

Homme d'une vaste érudition, inimitable dans l'art si difficile de dépouiller un manuscrit, d'en signaler le contenu exact et d'en faire ressortir tout l'intérêt, M. P. Meyer s'est en outre acquis, dans l'étude de la langue et de la littérature provençale, un rang si élevé que personne ne pourrait rivaliser d'autorité avec lui sur ce domaine.

Dans son cours de l'École des Chartes (trois heures par semaine en deux leçons), il étudie parallèlement les deux idiomes de la France au moyen âge, la langue d'oïl et la langue d'oc ; les faits de la phonétique et de la flexion n'offrent-ils pas chez elles des analogies trop précieuses pour que leur rapprochement incessant ne serve à éclairer bien des obscurités de leur grammaire respective ? Les différences, en somme assez rares, qui s'observent entre elles, ne sont pas moins instructives que leurs identités. Si un phénomène ne se retrouve pas à la fois au Nord et au Sud, il est signalé, d'ailleurs, avec le détail qu'il mérite. De nombreux exemples, habilement choisis, gravent aisément les règles dans la mémoire, et ces règles sont formulées aussi clairement que possible.

Le cours comprend d'abord une longue introduction historique, qui constitue une sorte d'encyclopédie des langues romanes. Le professeur passe en revue les différents pays où les langues romanes se parlent ; il remonte dans leur passé jusqu'à l'époque où elles s'y sont implantées. La Gaule est naturellement l'objet d'une attention particulière ; *l'expansion* de la langue française en dehors de ses frontières n'est pas négligée non plus ; on la suit, avec les Normands, en Angleterre ; avec les premiers colons, on la voit s'établir dans les contrées les plus lointaines. L'exposé de la phonétique et de la flexion comparées du français et du provençal vient ensuite, entrecoupé et fortifié par l'explication de textes littéraires et administratifs, que M. Meyer emprunte aux deux volumes de son excellent *Recueil*, dont on attend encore la partie grammaticale et lexicologique.

Il semblerait qu'avec son programme presqu'invariable et sa destination spéciale, l'enseignement philologique de l'École des Chartes ne dût éveiller qu'un intérêt assez restreint. Et cependant il n'est pas de cours de grammaire qui attire plus d'auditeurs libres que celui de M. P. Meyer ; la plupart des jeunes gens que l'Allemagne envoie à Paris se perfectionner dans l'usage de la langue française y assistent avec ferveur ; plusieurs d'entre eux m'ont confessé que les Universités de leur patrie ne pouvaient offrir à l'étranger rien de comparable, étant donné les strictes limites du temps et l'immense étendue de la matière. Ce qui assure une vie particulière aux leçons de M. Meyer, c'est qu'une vaste érudition ne réussit pas à atténuer chez lui la façon si personnelle de concevoir les faits et de les grouper. Il garde sa liberté d'appréciation devant les systèmes le plus en vogue ; on ne voit nulle part trace d'engouement. Cette allure flegmatique que sa personne et jusqu'à sa voix trahissent est bien aussi le diapason de son esprit. S'occupe-t-il d'un point spécial, de la protonique non initiale, par exemple, ce sera pour signaler le beau travail de M. Darmesteter (Romania V), mais il saura y découvrir certaines faiblesses et il posera toutes ses objections. Il ne perdra jamais de vue qu'il s'adresse à de futurs archivistes et il cherchera à placer les questions de philologie sur le terrain le plus favorable, celui de la géographie historique. Ainsi, à propos de *c* latin devant *a*, altéré diversement suivant les lieux, il dressera une sorte d'échelle phonétique, qui permet de suivre l'évolution de ces deux phonèmes, de la Méditerranée aux frontières de langues germaniques.

Au Collège de France, M. Meyer traite d'ordinaire un sujet général de l'histoire littéraire du Midi de l'Europe pendant une heure, tandis qu'il interprète un texte ou développe un chapitre détaillé de la grammaire provençale pendant l'autre. En 1883-84, il faisait l'histoire de la *Nouvelle* (semestre d'hiver, 1 heure) et poursuivait l'étude déjà commencée de la flexion provençale (1 heure l'hiver, 2 heures l'été). En 1885-86 il étudiait la versification des peuples romans et expliquait des poésies du troubadour Folquet de Marseille.

M. ARSÈNE DARMESTETER.

M. Darmesteter est professeur de langue et de littérature françaises à la faculté des Lettres. En 1883-84 il exposait chaque semaine la phonétique française pendant une heure; il en consacrait une autre à l'histoire littéraire depuis les origines, et une troisième à l'explication de la chanson de Roland.

L'enseignement de ce maître, peut-être moins large que celui de M. Meyer et moins animé que celui de M. Paris, a cependant le mérite d'une méthode très sûre ; les phénomènes sont soigneusement classés, étiquetés, rangés par groupe ; on devine une lecture considérable et un vaste acquit personnel sur chaque point élucidé. Le cours de phonétique, forcément très sommaire, se termina par une série de notes sur la composition et la dérivation en français, sujets dont le premier a été presque épuisé par ce savant dans un mémoire spécial (Bibliothèque des Hautes-Études, 19e fascicule). M. Darmesteter conserve naturellement les classifications établies par lui dans ce mémoire ; pour la dérivation il suit Diez, au tome II de sa *Grammaire*, et résume les lois énoncées par le grand philologue allemand. Quant à l'explication de *Roland*, elle était confiée aux candidats à la Licence et aux autres auditeurs de bonne volonté, le professeur posant quelques questions et communiquant ensuite des renseignements à la fois historiques et philologiques, qui étaient remarquables d'étendue et de sûreté.

—

J'ai déjà cité, pour mémoire, le cours de M. Picot à l'École des langues orientales vivantes, qui n'a pas le caractère exclusivement scientifique des précédents.

J'y joindrai celui de M. Gebhart à la faculté des Lettres, que j'ai suivi pendant une année avec beaucoup d'intérêt. M. Gebhart ne professe pas la philologie romane ; mais, chargé d'enseigner les littératures étrangères et prenant l'Italie pour thème ordinaire de ses conférences, il consacre une heure par semaine à l'explication d'un texte italien. En 1884, il traduisait, en les accompagnant d'un commentaire brillant, plutôt historique que grammatical, les premiers chants de la *Divine Comédie.*

Je terminerai cet exposé, relatif à l'enseignement de la philologie romane à Paris, en exprimant toute ma gratitude aux différents maîtres dont j'ai entendu les leçons. Ils ont été pour moi des initiateurs, et c'est à leur art, bien français, de traiter des sujets souvent arides, que je dois l'intérêt et le goût que je n'ai cessé d'éprouver, depuis ce temps-là, pour les études romanes.

ALLEMAGNE.

J'ai passé l'année universitaire 1884-85 en Allemagne, le semestre d'hiver à Halle et celui d'été à Berlin ; j'ai pu entendre enfin quelques leçons de M. Foerster, à Bonn, pendant la première quinzaine du mois d'août 1885.

Je ne vous entretiendrai, Monsieur le ministre, que des cours que j'ai suivis avec une réelle assiduité et j'adopterai le même procédé d'exposition que pour Paris. Avant cela, qu'il me soit permis de vous dire un mot de l'enseignement de la philologie romane, en général, dans les Universités germaniques.

Le professeur en titre a souvent à côté de lui un *privatdocent*, chargé d'approfondir ou de développer certaines matières de son enseignement. C'est le cas pour M. Tobler à

Berlin, M. Foerster à Bonn, M. Bartsch à Heidelberg, M. Vollmoeller à Goettingue, M. Ebert à Leipzig, etc. (1). En outre, un ou plusieurs lecteurs complètent cet enseignement au point de vue pratique, soit en dirigeant des exercices d'élocution, de rédaction et de grammaire, soit en professant dans la langue qu'ils sont chargés d'inculquer à leurs élèves.

A Berlin, M. Tobler a sous sa direction tout un personnel, un *docent*, M. Schwan, et deux lecteurs, l'un pour le français et l'autre pour l'italien, MM. Feller et Rossi. Moins bien partagé, M. Suchier, à Halle, n'avait pas de *docent* à côté de lui en 1885. M. Stuerzinger, à Bonn, enseignait le portugais et commentait les plus anciens textes du Nord de la France, tandis que le professeur, M. Foerster, traitait la phonétique et la flexion du français, du provençal et de l'italien. La plus grande liberté règne dans le choix des matières traitées pendant le semestre ; le programme est renouvelé régulièrement deux fois par an. J'ai déjà cité l'exemple de M. Tobler ; à Halle, M. Suchier, qui avait consacré l'hiver à l'étude sommaire des dialectes de la France et à la vie et aux œuvres de Dante, se proposait d'interpréter pendant l'été des textes en provençal moderne.

(1) J'emprunte quelques indications au livre de M. G. Koerting : *Encyklopaedie und Methodologie der Romanischen Philologie.* I Theil (p. 169 et suiv.) Mais, depuis 1884, plusieurs mutations se sont accomplies. M. Thurneysen, docent à Jena, a été nommé professeur extraordinaire, M. Freymond de même à Heidelberg. A Leipzig M. H. Koerting s'est habilité pour la philologie romane, à Greifswald M. Behrens et à Vienne M. Zingerle; enfin M. Stuerzinger a été pourvu d'une chaire à Philadelphie.

M. HERMANN SUCHIER.

M. Suchier, dont j'ai suivi les cours à l'Université de Halle pendant le premier semestre de mon séjour en Allemagne, a acquis la plus grande autorité par ses travaux sur la dialectologie française. Dans son édition de *Cligès*, M. Foerster le proclamait encore récemment : *der beste Kenner der altfranzœsischen Dialekte* (LI, note). Et c'est justice. L'activité scientifique de M. Suchier, dans ce domaine, s'est révélée par une série de publications importantes, dont plusieurs se distinguent par une méthode supérieure et des vues d'une haute originalité. Je citerai les *Denkmaeler der provenzalischen Litteratur* (Halle 1882) pour le provençal, l'étude sur la vie de Saint Auban et la *Bibliotheca Normannica* (I Reimpredigt. II Der judenknabe. III. Die Lais von Marie de France (1)) pour le normand et l'anglo-normand, l'édition *d'Aucassin et Nicolete* (Paderborn 1878, 2e ed. 1881), capitale pour l'étude du dialecte picard (2) ; enfin, parmi les articles de revues

(1) M. Suchier a seulement édité le *sermon en vers* ; mais il a surveillé les deux autres publications ; en tête des *Lais de Marie de France* (ed. Warncke, 1885), il a mis une préface, très courte, destinée à un grand retentissement. Il y répudie la thèse, longtemps acceptée, de Gaston Paris, en vertu de laquelle un seul dialecte aurait été parlé dans l'ancienne Neustrie (*Alexis*, p. 42). G. Paris a répondu dans la *Romania* (XIV, 599-600).

(2) Cette édition renferme, outre le texte, les notes, les paradigmes et le glossaire, un chapitre de dialectologie, sous ce simple titre : *Mundart* (pp. 55-74.) M. Suchier y propose l'adoption d'une classification nouvelle des phénomènes phonétiques et flexionnels. Il les appelle négatifs ou positifs suivant qu'ils constituent, dans les dialectes dont il s'agit, un trait de conservation ou de développement plus considérable qu'on ne l'observe dans les autres idiomes provinciaux, pris comme termes de comparaison. Presque toutes les observations faites alors restent debout.

spéciales, le travail sur le *Dialecte du St Léger (Zeitschrift f. Rom. Phil.* II) dans lequel M. Suchier a exposé pour la première fois un procédé minutieux d'investigation, qui permet de localiser, avec une sûreté presque mécanique, n'importe quel texte ancien du Nord de la France dont la provenance est encore incertaine. Les chartes originales ont, aux yeux de ce maître, une portée beaucoup plus considérable que les textes littéraires. Documents impersonnels, localisés et datés, elles n'ont pas eu à subir ces altérations des copistes, dont la proportion, quand on est en présence d'un manuscrit beaucoup plus récent que l'œuvre, est si difficilement appréciable. L'avenir de la philologie romane est dans l'étude de plus en plus attentive des pièces d'archives, considérées comme un instrument de contrôle pour la provenance des écrits littéraires. C'est en unissant les deux méthodes, celle qui a la tradition pour elle et celle que M. Suchier a été le premier, sinon à pratiquer, du moins à mettre dans un relief convenable, qu'on arrivera seulement à des résultats précis, peut-être même définitifs.

En 1885, M. Suchier faisait un cours *publice* sur l'origine des anciens dialectes français. Le cours comprenait d'abord une chronologie des phénomènes phonétiques et flexionnels qui ont accompagné la décomposition du latin vulgaire et sa lente évolution vers les idiomes romans de la Gaule. Cette chronologie, bien supérieure à celle de Schuchardt *(Vokalismus des Vulgaerlateins,* I, 104) admet quatre périodes : la première est celle de l'introduction du latin en Gaule, qui entraîne la constitution d'une " ausschnitt-sprache „. La deuxième s'étend jusqu'à l'an 300; c'est la plus importante et la plus riche en phénomènes phonétiques. A cette occasion, M. Suchier, sans interrompre précisément son exposé, a profité de l'apparition d'un livre de M. Seelmann *(Die Aussprache des Latein.* Heilbronn 1885) et d'un travail de M. Groeber *(Vulgaerlateinische Substrate romanischer Woerter)* dans l'*Archiv fur lateinische Lexikographie* (I) pour discuter quelques-unes des opinions de ces savants et pour substituer aux leurs des vues personnelles. Ainsi il n'est pas d'accord avec M. Groeber sur l'époque à laquelle *s* final s'est effacé de la prononciation ; il croit le phénomène plus ancien que ne le veut admettre son collègue de Strasbourg. La troisième période va de 300 à 500, c'est celle où *c* s'est assibilé devant *e* et *i*, etc. La quatrième va de 500 à 800; elle nous conduit aux premiers documents des langues romanes, dont le plus ancien date de 842 (1).

Après la chronologie est venue l'étude *topographique* des phénomènes les plus importants qui avaient été déjà renseignés à la date, fixée aussi exactement que possible, de leur accomplissement.

C'est ce que M. Suchier appelle les *raümlichen Verhaeltnisse.* Pour ajouter à l'intérêt de son exposé, le professeur faisait circuler dans l'auditoire des cartes dressées avec un soin extrême, sur lesquelles on pouvait s'assurer du degré d'extension de chacun de ces phénomènes, dont l'absence ou la présence dans chaque localité a été établie à l'aide des chartes et des documents patois.

A côté de cette leçon, faite *publice* devant un auditoire

(1) M. Suchier a résumé le débat sur la question de la disparition des substantifs neutres ; il conclut pour la date du VIIe siècle en France *(Archiv f. Lat. Lexikographie.* III, 161.)

assez nombreux, M. Suchier traitait *privatim* (3 h. par semaine) un sujet d'ordre littéraire, la vie et les œuvres de Dante Alighieri. Après un long et consciencieux exposé de l'état des études dantesques, il a expliqué lui-même un certain nombre de chants de la *Divine Comédie.*

Dans son séminaire philologique, dont les étudiants ne sont admis à faire partie qu'après un stage préparatoire et un examen quelque peu sommaire, M. Suchier occupait l'intervalle des *Vortraege* en dirigeant l'explication des poésies du troubadour *Zorzi.* (Ed. Levy. Halle 1883.) Quant aux *Vortraege*, ils consistent généralement dans la lecture (faite d'une voix assez terne et sans beaucoup de variété dans le débit) d'un travail rédigé à domicile sur une question du domaine de la philologie romane. L'élève monte en chaire, et le professeur, qui a pris place sur l'un des bancs, se réserve le droit de critiquer, soit pendant la lecture, soit après qu'elle est achevée, la façon dont le sujet choisi a été traité. Ces *Vortraege* sont souvent la première rédaction d'une étude, qui, développée ensuite et remaniée soigneusement, constituera un sujet de thèse convenable. C'était le cas en 1885, à Halle, pour plusieurs des membres du séminaire roman (1).

(1) Voici la liste des *Vortraege* du semestre d'hiver 1884-1885. Elle montre assez clairement l'activité qui règne dans le *Séminaire* de M. Suchier :

MM. Bathge. Classification des mss de *Girart de Viane.*
Engelmann. Le roman d'*Aeneas* et sa source latine.
Kluge. Les sources des *Proverbia Salomonis* de Samson de Nantuil.
Kuchenbaecker. La langue du mss B de *S. Grégoire.*
Kuhfuss. Quel est l'auteur de la biographie sommaire de Dante attribuée à Boccaccio?

Qu'il me soit permis, avant de quitter Halle, de remercier M. Suchier pour la bienveillance qu'il m'a toujours montrée, pour les conseils qu'il m'a prodigués et pour la gracieuseté dont il a fait preuve à mon égard, en m'admettant, à titre personnel, dans un séminaire rigoureusement fermé. J'avais commencé, sous sa direction, un travail sur l'ancien dialecte liégeois, que l'insuffisance des matériaux publiés m'a seule empêché de mener à terme avant mon départ. Ces matériaux, il m'a été facile depuis de les recueillir au dépôt des archives provinciales de Liège, et quand mon travail paraîtra, je ne manquerai pas de rappeler en tête le nom de celui qui m'en a fourni le thème et aplani les difficultés premières.

Kunze. Étude sur *Girart de Viane.*
Leinhose. La langue de *Girart de Viane.*
Miehle. Classification des mss de *S. Grégoire.*
Neuss. Le style de *Horn.*
Neussel. Le rapport du mss A de *S. Grégoire* avec le mss B et les versions anglaises et moyen-allemandes.
Rohde. Les poésies de Zorzi.
Rudenick. *Ego* en anc. français.
Rudolph. L'usage des temps et des modes dans *Horn.*
E. Suchier. Les remaniements provençaux des *Evangiles de l'Enfance.*
Wehrer. Usage de *com (come)* en a. fr. et en prov.
Wilmotte. Le dialecte de Liège au XIIIe siècle d'après les chartes.

De ces travaux, six ont servi de dissertations inaugurales, et trois ont été insérés dans des revues scientifiques. Les autres ne sont pas encore publiés.

M. ADOLF TOBLER.

Parmi les nombreux cours *publice*, *privatim* et *privatissime* que m'offrait le programme de Berlin pendant le semestre d'été 1885, il n'en est qu'un petit nombre que j'ai pu suivre avec assez d'assiduité pour en retirer des fruits. La plupart d'entre eux comportaient, d'ailleurs, plusieurs leçons par semaine (1) et exigeaient, pour être bien compris, un travail personnel ou un acquit antérieur assez considérable.

M. Tobler faisait l'histoire de la poésie provençale avec une conscience et une méthode impeccables. Après une courte introduction générale, il passa en revue les différents genres de cette poésie, épique, didactique, religieux et lyrique, entrant dans les détails techniques, notamment à propos des mètres si compliqués des troubadours, toujours indiquant les éditions, les travaux critiques, sans faire grâce, à ce qu'il m'a semblé, de la moindre dissertation ni de la moindre *Recension* un peu importante pour le sujet. Dans son second cours, M. Tobler, qui avait renseigné à l'avance la grammaire espagnole de Wiggers à ses auditeurs (2e éd. Leipzig 1884) la parcourut avec eux en éclairant, rectifiant ou complétant sur bien des points l'auteur adopté; puis il lut

(1) Outre les cours de M. Tobler et ses *Uebungen*, il faut citer ceux de M. *Geiger*, qui faisait l'histoire de la littérature française sous le règne de Louis XIV (3 h. par semaine), deux leçons de M. Feller sur la poésie dramatique au XVIIe siècle et une leçon sur la chanson en France, le cours de M. Schwan sur la littérature française des XIVe et XVe siècles (3 h. par semaine), l'enseignement grammatical des deux lecteurs, les *Uebungen* des maîtres précités, etc.

quelques *novelas ejemplares* de *Cervantès*, les traduisant et les commentant avec un art réel.

Par ce côté du débit et de l'exposition oratoire, M. Tobler m'a souvent rappelé les professeurs parisiens; comme eux, il a ce talent d'intéresser qui manque à bon nombre de ses collègues germaniques; il faut le voir dans son séminaire philologique, où il dirigeait, en 1885, l'explication approfondie du fragment provençal de Boèce et de poésies empruntées à Mahn *(Gedichte der troubadours)*, animant la discussion par ses questions, ses remarques, ses objections et ses répliques, faisant presque tous les frais, en dépit du zèle très sérieux de ses élèves, inépuisable enfin de science et d'ardeur presque juvénile.

M. Tobler est aujourd'hui l'un des maîtres les plus respectés de la philologie romane en Allemagne. Il a tous les titres du savant pur et il jouit, en outre, du prestige de chef d'une école, qu'il a formée et qui poursuit sa tâche, sans se laisser rebuter par les infiniment petits de l'étude grammaticale à laquelle elle se condamne. Les travaux sur l'ordre des mots, que j'ai mentionnés à l'occasion d'un cours de M. G. Paris, sont dus pour la plupart au " Wink „ magistral de ce professeur; d'autres travaux de syntaxe ont été également inspirés par lui; c'est à lui enfin que la plupart des jeunes gens étrangers, qui sont en train d'apporter un précieux appoint à la science romane, sont allés, en dehors de Paris, demander des leçons et des conseils. Je citerai M. de Feilitzen, habilité à Upsal pour sa publication si intéressante: *Li ver del Juïse, en fornfransk predikan* (1883), M. Van Hamel, aujourd'hui professeur à Groningue, dont l'œuvre considérable, *Li Romans de Carite et miserere du Renclus de*

Moliens, a paru dans la *Bibliothèque des Hautes-Études* (61e et 62e fasc.), et M. Cloetta, l'éditeur récent du *Poème moral* (Erlangen 1886. Extrait des *Romanische Forschungen*, III).

La réputation du savant n'est pas inférieure à celle du maître; membre de l'Académie de Berlin, dont il a enrichi les *Sitzungsberichte* par la publication de textes, précieux pour la dialectologie ancienne de l'Italie, de plus associé à la grande œuvre nationale des *Monumenta Germaniæ historica,* où il a inséré notamment de longs fragments de la chronique de notre compatriote Ph. Mousket, M. Tobler s'est surtout fait connaître par des éditions remarquables, par son traité de métrique et par ses *Vermischte Beitræge zur grammatik des Franzoesischen (Zeitschrift f. Rom. Phil.* I, 1; II, 388, 549; V, 180; VI, 506; VIII, 481).

Li Dis dou vrai aniel (supra, note 1) peut être cité et loué à côté du *Saint-Alexis*, en dépit de son format exigu. La plupart des éditions de textes qui ont suivi l'apparition de ces deux livres se sont inspirées de leur méthode et ont même copié leur disposition. Le *Versbau*, récemment traduit en français (par MM. Breul et Sudre. Vieweg, 1885), est le traité le plus complet et le plus scientifique de la versification française qui existe aujourd'hui. Il a, sur les gros livres de MM. Becq de Fouquières et Lubarsch, l'avantage de son format et d'une façon de présenter les faits en dehors de toute préoccupation dogmatique. Il est supérieur au traité de M. Quicherat par l'importance qu'il accorde au moyen âge et par l'absence de cet esprit amoureux des définitions et des règles, qui érige en lois certains caprices du goût.

Quant aux *Vermischte Beitraege*, elles sont autant de petits chefs-d'œuvre, qui révèlent non seulement une lecture prodigieuse des anciens textes de la France, mais encore une acuité psychologique dépassant de beaucoup le simple *faire* d'un grammairien. Il faut plus que ce *faire,* si aiguisé qu'il soit par la pratique de l'enseignement et par un acquit intellectuel même considérable, pour rassembler de partout les témoignages épars, imperceptibles souvent, de la variété d'expression d'une langue, pour les coordonner avec un art réel et pour en déduire certaines observations sur la manière de concevoir de ceux qui nous les révèlent dans leurs écrits. Et comme cette érudition est bien servie par des qualités d'un autre ordre, comme elle se joue des difficultés de temps et de lieux! Tantôt un passage d'un roman contemporain, de Maupassant par exemple, ou bien d'Ohnet, vient confirmer des remarques suggérées par un tour rare d'un rimeur du XIIe ou du XIIIe siècle. La même richesse de savoir caractérise le *Versbau,* où des vers de Leconte de Lisle, de Sully-Prudhomme, de Coppée, etc., sont cités constamment à côté des bribes rudimentaires de notre ancien lyrique.

J'ai encore entendu à Berlin quelques leçons de M. Schwan et de M. Rossi. Le premier, *docent* pour l'ancien français et le provençal, faisait l'histoire de la littérature française aux XIVe et XVe siècles. Honorablement connu par divers travaux, notamment par son étude sur Beaumanoir *(Rom. Studien IV)* et ses recherches sur la *Vie des anciens pères (Romania XIII),* M. Schwan se bornait à une bibliographie raisonnée, révélant d'ailleurs une grande somme de connaissances et une information excellente. Malheureusement, un débit assez terne et une sorte de dédain systématique pour les digressions d'ordre purement littéraire enlevaient à son cours une partie de l'intérêt qu'il aurait pu exciter.

J'ai retrouvé avec plaisir ce jeune savant dans ses exercices de syntaxe, où il prenait pour guide la grammaire de Maetzner et pour base le texte de Joinville, et il m'a semblé qu'il y groupait autour de lui un auditoire plus attentif et plus nombreux.

M. Rossi enseignait la grammaire italienne et il dirigeait l'explication du premier chant de l'*Orlando furioso,* entremêlant, dans son *Vortrag*, l'allemand et l'italien.

Permettez-moi, Monsieur le Ministre, en terminant cet exposé des leçons qu'il m'a été donné d'entendre en France et en Allemagne, d'en tirer certaines conclusions utiles pour notre pays.

Il est le seul aujourd'hui qui n'ait pas de chaire officielle de philologie romane dans ses Universités; cependant, cette branche de science possède outre-Rhin autant de représentants que l'on compte d'Universités, et je néglige les *docenten* et les lecteurs très nombreux, qui constituent, en quelque sorte, l'état-major du professeur attitré. La France a suivi cet exemple en multipliant les chaires, non seulement à Paris, où nous trouvons MM. G. Paris, P. Meyer, A. Darmesteter, Gilliéron et Morel-Fatio, mais encore dans les facultés de province, où plusieurs maîtres, MM. Chabaneau, Joret, Thomas, Clédat, Constans, etc., sont en train de propager le goût sérieux d'études jadis dédaignées. La Suisse compte plusieurs professeurs de philologie romane : M. Morf à Berne, M. Ritter à Genève et M. J. Ulrich et W. Meyer à Zurich. L'Italie s'est associée à ce mouvement : il suffit de nommer Ascoli, qui a révolutionné les études de phonétique en publiant ses admirables *Saggi Ladini* et qui professe à l'Académie de Milan, MM. Rajna et Bartoli à l'Institut des Hautes-Études à Florence, M. d'Ancona à Pise, M. Monaci à Rome, M. d'Ovidio à Naples, etc. L'Espagne et le Portugal ont leur part dans ces efforts, ainsi que la Roumanie. Je nommerai MM. Braga, Coelho, Gaster. La Suède compte des romanistes comme MM. Lidforss, Wulf et Vising à Lund, Geijer et Wahlund à Upsal, où M. de Feilitzen s'est également habilité en 1883; M. Storm enseigne cette science à Christiania et M. Wesselofsky à St-Pétersbourg. L'auteur du meilleur manuel de l'histoire de l'épopée française au moyen âge, M. K. Nyrop, est Danois. Enfin, notre sœur germanique, la Hollande, vient d'inaugurer un enseignement de ce genre à l'Université de Groningue, où le gouvernement a nommé M. Van Hamel, ancien élève de l'École des Hautes-Études à Paris (1).

Et pourtant, la Hollande n'a pas d'aussi sérieuses raisons de combler cette lacune qu'un pays semi-roman, dont une population de plus de deux millions d'âmes parle un dialecte du français, et qui a joué dans l'histoire littéraire romane un rôle assez brillant au moyen âge. Aussi a-t-il fallu, dans ces dernières années, le dévoûment de l'étranger pour mettre au jour les précieux documents d'une littérature, nationale au même titre que les écrits des Van Maerlant, des Jan Boendale, etc. Sans parler de M. Scheler, qu'un séjour prolongé en Belgique a vraiment naturalisé sur notre sol, c'est un Allemand qui a publié le plus ancien texte wallon (M. Foerster, éditeur des *Dialoge Gregoire lo pape* Halle 1877), un autre Allemand, M. Suchier, qui a fait l'étude la

(1) Cf. *La Chaire de français dans une Université néerlandaise*. Discours prononcé le 29 septembre 1884, à l'occasion de son installation comme professeur ordinaire à la Faculté des Lettres de l'Université de Groningue, par A.-G. Van Hamel. Groningue, Wolters, 1884.

plus approfondie de certaines nuances de nos anciens dialectes, d'autres Allemands encore, MM. Altenburg et Horning, qui ont décrit notre patois wallon d'aujourd'hui. Un Suédois, M. de Feilitzen, a publié des fragments d'un manuscrit wallon, dont la partie la plus intéressante, un des chefs-d'œuvre de la littérature du moyen âge, vient d'être mise au jour par M. Cloetta, un élève autrichien de Paris, de Berlin et de Goettingue.

Et il en sera forcément ainsi, en dépit de la richesse de nos archives et du dépôt des manuscrits de Bruxelles, tant qu'un enseignement régulier de la philologie romane, dans une de nos Universités belges, n'aura pas développé, en faveur de cette branche de science bien *nationale*, une activité pareille à celle que l'on entretient au profit de la philologie orientale, plus éloignée de nous.

J'ai l'honneur d'être, Monsieur le Ministre,

Votre très obéissant et très respectueux serviteur,

M. WILMOTTE.

Liège, le 8 juin 1886.

APPENDICES.

A.

JEHAN LE VENELAIS OU LE NIVELLOIS.

M. A. Dinaux, dans ses *Trouvères belges* (IV, 549) s'exprime ainsi : " nous aurions mauvaise grâce d'omettre Jehan li Nivelais ou li Nivellois dans la liste de nos trouvères brabançons ou flamands. „ — Ce Jehan le Nivelais est l'auteur d'une *Vengeance d'Alexandre*, qui fait suite au roman d'Alexandre dans plusieurs des manuscrits de ce dernier. M. Dinaux en cite deux qui appartiennent à la Bibliothèque nationale de Paris, et il émet les conjectures suivantes sur le côté biographique du personnage : “ Jehan li Nivellois a *dû* aller à la cour du duc de Brabant Henri I, à la fois comte de Louvain et avoué de l'église de Nivelles; il a *pu* aller de même à Namur et en Champagne et y être fort bien reçu, sans qu'il fût de l'endroit. „ (p. 551.)

J'avais été frappé, à la lecture de ce passage, du caractère purement hypothétique de ces affirmations, mais je n'en soupçonnais pas encore toute la témérité. Pendant mon dernier séjour à Paris, j'ai pu prendre connaissance, à la Bibliothèque nationale, des manuscrits qui renferment la *Vengeance d'Alexandre*. Ce n'est pas deux, mais cinq manuscrits du poème que contient ce dépôt; ils sont cotés : F. français 790, 791, 1375, 1590, 24365. M. Meyer, qui les renseigne déjà dans sa remarquable *Étude sur les mss du roman d'Alexandre* (Romania, XI, 213-332), en indique un sixième que renferme la Bodléienne d'Oxford ; de plus, dans ses *Rapports* (Documents manuscrits etc. Paris, 1871, p. 69) il en signale un septième qui ne figure pas dans la liste, dressée par lui, des copies du roman. (p. 248.) Il désigne les six premiers, dans sa classification, par les lettres M (24365), N (791), O (1375), P (Bodl. 264), Q (790). S (1590). J'ajoute la lettre X qui, non utilisée par ce savant, peut servir à désigner le dernier manuscrit, coté au British Museum : Bibl. reg. 19. D. I.

J'ai pu examiner, soit à la Bibliothèque nationale, soit dans les extraits communiqués par M. Meyer (Romania XI, 300 et Documents man. p. 69-70) le seul passage qui semblerait de nature à justifier les allégations de M. Dinaux, celui où se nomme l'auteur de la *Vengeance d'Alexandre*. Or, dans quatre manuscrits (790,791, 1375 ; British Mus.) ce passage est ainsi conçu (en dehors des variantes orthographiques, qui ne concernent pas le nom propre) :

Jehans li Venelais fu mult bien afetiez.

Le n[e] 1590 porte, et il en est de même du n° 264 de la Bodléienne :

Johans li nouviax hoirs fu mout liez et hetiez.

Enfin, on lit dans le n° 24365 :

Jehans li Nevelons fut mout bien afetiez.

Donc rien ne justifie l'attribution de Dinaux. et *Jehan li Venelais*, dont la langue n'offre aucune particularité qui la rattache à nos dialectes, doit être bien et dûment rayé de la liste de nos trouvères nationaux.

Voici, au surplus, le début du poème d'après l'un des plus anciens manuscrits, le n° 24365, que nous désignerons, comme M. Meyer, par la lettre M (1). J'y ai joint les variantes

(1) M. Meyer accepte, semble-t-il, cette dénomination de *Jehan li Nivellois*, car il la reproduit dans son étude sans aucune observation. (*Romania* XI, 284, 288, 290, 300, 306, 313-14, 322.) Il fixe ainsi l'âge des divers manuscrits : M, P et S (1re moitié du 14e siècle) Q (milieu de ce siècle) N (fin 14e s.) O (15e s.). Reste celui de Londres, sur lequel je n'ai pas de donnée précise. L'appellation dans P et S s'explique peut-être par le vers précédent : *S'orez bons vers nouviaus car...* cf. infra. Depuis que ces lignes ont été écrites, a paru l'ouvrage considérable de M. Meyer sur *La Légende d'Alexandre le Grand*. Il comprend deux volumes qui sont les tomes IV et V de la *Bibliothèque française du moyen âge*. (Paris, Vieweg.)

des autres copies parisiennes et partiellement celles des deux textes conservés en Angleterre :

Seigneur, or fetes pais, .j. petit m'entendez:
Li sens de nul sage home ne doit estre celez,
Qu'il ne soit au besoing dis et amonnestez ;
Mains hom cuide estre sages qui mout est fols prouvez.
.j.example de bien vus sera ja moustrez
Du fort roy Alixandre, qui tant fu redoutez
Et conquist par sa force tantes riches citez,
Tant vaus, tantes contrées et tantes ducheez,
Par la force qu'il ot des chevaliers menbrez
Qui vindrent tuit à lui de par touz les regnez,
Et il les reçut touz de bonnes volentez
Coumes bons chevaliers et preus et alosez.
Onques ne trouva prince, s'il ne feïst ses grez,
Ne fust sempres destruiz et à sa fin alez.
Onques plus larges hom ne fu de mere nez ;
Mout fu bons chevaliers et de dames amez,

Variantes non orthographiques : 1) *Oez*.X. *m'escoutes* S,P 2) *le* N,P,Q,X. 3.) *qui*. N, O, X. *au siècle am*. N, O, Q, X. 4) *Maint home i a qui cuident estre mult apensez Mes assez en i a qui sont mult fox provez*. P., S. *Que maint* N. O. Q. X. 5) *Tiex savoirs que je sai nous doit estre moustres* Q, X (sauf *com* (pour *que*) et *vous* X.) Les vers suivants figurent avec de légères variantes dans N, O, Q, X, à la suite du V. 5 et avant le V. 17 :

Seignors bon conteors qui cest roumans saves,
De fouques de Candie et de T. contes,
De maint autre basnage dont gerres ne saves.
Mes j'en dirai .i. bon, s'il puet estre escoutes ;
Onques par jougleour ne fu meillor chantes : (manque dans N, O, X)
S'est del roi Alixandre, qui tantpar ot bontes ;
Onques mieudre de lui n'ot destrierz sejornes.
Mult par pot estre lies, car de toz fu ames.

11. *retint*. S. 12) *et franz et alosez*. S.

Et de ses amis fu serviz et honorez
Et de ses anemis cremuz et redoutez.
De Royanmes conquevre ne fu onques lassez;
A son vivant s'en fu travailliez et penez.
Tant fist que tout le mont fu en sa poestez.
Puis fu en po de tens et partiz et donnez:
Si rot. xij. roianmes en . j . jour devisez,
A chascun de ses pers en fu .i. delivrez.
James por .i. seul home n'ert tel don presentez;
Par sa tres grant largesce fu il si alevez
Seur touz seignors de terre fu il sire clamez.
Helas! con grant domage que si tost fu finez!
Car s'il vesquist. M. ans petit fust ses aez.
Il fu en babilonie des sers enpoisonnez,
Puis le venja son fiuz qui bor fust engendrez;
Par lui fu li lignages aus sers mout malmenez,
Escorchez et rostiz, bouliz et traïnez,
Depeciez et ocis, penduz et desmenbrez.
A rocheflor fist tant qu'il les ot afamez,
Du vengement son pere fist il ses volentez.

Seigneur, or fetes pes, .i. petit vus tesiez!
S'orez bons vers nouviaus, car li autre sont viez;
Jehans li Nevelons fu mout bien afetiez;

17) *De toute gent du mont* Q. *De tous les gentilshommes* N, O. 20) *En son* N, O. *se f.* O. 22) *terme* N, O, Q, S. *departis* N, O. 23). *xij. roy. ot,* N, O. 25) *par* N, Q. *tex dons n'iert presentez.* S. *nul d.* O. 26) *ainsi* N, O. 28) *A las* N, Q. S. *quant si t.* N, O. 29) *fussent d'assez.* Q — manque dans N et O, *Que s'il* S. 31) *ber* N, O. 33) *et bouliz, batus et* Q — *et vilment tormentez.* S. 34) *Dep. piece a piece, occis et d.* N, O. *Desp. à torment et trestoz d. S* 36) *del veng.* Q. *fist bien s.* Q, S. 38) *Oiez bons mos n.* N, X — *s'oes.* P. Entre 38 et 39 on a. dans N: *Onc par nul jugleour ne fu millour contez.* 39) Cf supra lès var considérables.

A son ostel se sist, si fu joians et liez :
.I. chanterre li dist d'Alix. a ses piez,
Et quant il l'a oï, s'en fu grains et iriez.
Du fiuz qu'ot de Candace en a vers commenciez
Bien fez et bien rimez, bien diz et bien ditiez.
Encor sera du conte henri mult bien loiez :
Cil est sus tot le mont de doner enforciez,
Sages est et cortois, preus et bien afetiez ;
Et aime les eglises et honore clergiez,
Les povres gentils homes n'a il pas abessiez,
Ançois les a trestouz et levez et hauciez
Et donnees les rentes, les terres et les fiez.
En cuer de si haut home n'ot ains si grant pitie,
Ja ses pers de doner n'ert mes apareilliez ;
Des le temps Alixandre ne fu tel, ce sachiez;
Quant que diex a el monde li fust bien emploiez.

Ci vous lerons du conte, meilleur home ne voi,
Si vous commenceron d'Alix. le roi.

40) *En son* N, X. 42) *Si fu* X. Après ce vers, on a dans Q : *Et dist mult iert dolenz s'encore n'iert vengiez*, N, X ont *et dit qu'il ert.* 43) *d'un fis nez de C.* Q. *d'un f.* N, X. 44) *bien d. et bien d. bien f. et rimoiez.* Q. A la place de ce vers, X a : *Bien dist et bien en jure et bien s'est afichiez.* 45) *Encore sera il del c. h. l* — Q. *Sera il bien du c. h. louez.* S. X. 47) *et preus et af.* Q. 50) *lev. et essauciez* N, Q, X. *toujors* S. 51) *les t. les rentes et les f.* Q, S — *les bonniers et les f.* N — *les honnors et les f.* X. 52) *onc si g.* N, Q, X. 53) *son p. ne fu de d. ap.* Q — *ne ne fu de doner si p. ap.* N. O. *si tres ap.* X. *Ja son pere de d. n'en ert ap.* S. 55) *quant qu il dona el m.* Q, X. *ce qu il d.* O. *fu mont bien* X.

B.

LOUANGES DE LA SAINTE VIERGE (1).

Ce poème religieux, qui a été signalé pour la première fois par M. Meyer, appartient au XIIIe siècle (2) et n'est pas sans valeur littéraire. M. Meyer l'a trouvé dans le mss F. 149 de la bibliothèque de Madrid, dont il a fait la description *(Bulletin de la soc. des anc. textes français* 1878, I, 38); il en a communiqué un petit nombre de strophes, celles du début et de la

(1) Une écriture moderne intitule ainsi cette partie du mss qui commence au f° 128. Le *Miserere* du Renclus de Moiliens va jusqu'au f° 67 v° et son *Romans de Carite* jusqu'au f° 128. (Van Hamel, *infra*, op. cit.).

(2) L'un des mss, celui de Madrid, a été écrit " vers le milieu du XIIIe siècle ". (P. Meyer. Bulletins, 38.) C'est donc à la première moitié de ce siècle, au plus tard, qu'appartient le poème. Une telle présomption est confirmée par l'examen de sa langue, bien que les rimes offrent peu d'intérêt. Des phénomènes comme *iee: ie* (XXI. XLVIII, LXXXII) ou *è+y: i* (LXXV) sont trop généraux pour qu'il soit permis d'en tirer une conclusion quelconque. Mais l'absence de *ai* : *è* (= e bref) et de *s* muet dev. une cons., et le fait que l'atone est encore maintenue devant la tonique plaident, étant donné la région dans laquelle il faut placer le berceau de notre texte, pour une origine assez ancienne. (Suchier *Aucassin* p. 64, Tobler *Aniel* XXVII.) En voici quelques exemples: *seüre* 23, *gaaingnastes* 52, *asseüre* 58, *paour* 57, *vesteüre* 160, *repeüstes* 168, *peüst* 208, *creüe* 219, *meü* 314, etc (Cfr. encore la str. V qui offre quatre ex.); mais *beneoite* trissyll. 88. Enfin *no, vo* attestés par la mesure (311, 333, etc.). *face: esquace* (cf. Horning Zs f. R. Ph. IX, 140) à la strophe LXIX *ie* (a) : *ie* (è entravé) à la str. I, où *eschiele* rime avec *bele, pucele, ancele* (l. *biele* etc) et des orthographes comme *fiex* (31,50,67, etc.,) dans B (erlin) et P (aris); *fix* dans M (adrid) parlent en faveur d'une provenance picarde, ce que confirment *sa(n)lables* (97), *fauroit* (242), *venroit* (243) etc., sous cette réserve qu'il faut peut-être ici restituer au copiste ce qui lui revient en propre; *infer* (240) est spécialement picard et wallon (*Aucassin*, 66 note) comme aussi *le* = *la*, *ce* (*se*) = *sa* dont nous avons quelques ex. Restent les graphies *nestoiez*, (327), *et* = *est* (147,263), *ietes* (295), *acoute* (278), *saves* = *salves* (292), les rimes *ain* : *ein* (XV, XXXVI, XXXVIII, XLIII. Cfr. *Lite-*

fin, et il y a joint, en note, les variantes d'un second mss, celui de l'Arsenal, à Paris (f. fr. 3142). L'existence du troisième (Berlin, Hamilton anc. 191), que je publie intégralement ici, a été révélée par M. Van Hamel *(Li Romans de carite et miserere* XXXIII, 61e fasc. de la *Bibl. des Hautes-Études).* Je renvoie donc pour sa description à ce livre, comme à l'article de M. Meyer pour celle du mss de Madrid.

J'avais d'abord eu l'intention de donner de ces *Louanges de la Sainte Vierge* une édition critique. Mais deux raisons m'en ont détourné : la première, c'est la difficulté de me procurer actuellement une copie exacte du mss de Madrid, que je ne connais que par les extraits de M. Meyer; la seconde, c'est qu'après avoir pris copie du texte de Berlin et l'avoir collationné à Paris, j'ai pu m'assurer que celui de l'Arsenal lui était supérieur en bien des points et devrait probablement servir de base à une telle édition. Or, comme j'en avais parfois négligé les variantes purement orthographiques, je me suis trouvé hors d'état de substituer désormais un texte à l'autre en toute sécurité.

J'ai redressé le texte de Berlin, dans les rares endroits où je l'ai jugé nécessaire, à l'aide des crochets et des parenthèses, dont j'ai fait l'usage ordinaire. En note sont communiquées les variantes du mss de l'Arsenal et, pour les quatrains publiés par M. Meyer, celles du mss de Madrid (1).

raturblatt. 1884, col. 70), *estanche* : *estrangne* : *esprangne* : *engrangne* (Var. *n'enchange* plus correct dans P.) à la str. LXVII. Il ne faut, à mon sens, attacher à ces particularités aucune espèce d'intérêt.

(1) M. Tobler a bien voulu revoir une épreuve du texte de Berlin et me communiquer plusieurs corrections excellentes. Je citerai particulièrement 112, 278, 289 et 304, dont il a éclairé le sens par une lecture meilleure du mss.

Des louanges de la Sainte Vierge.

(F. 128 r°)

I Encor ne soit loenge de pechaour pas bele,
Si m'enhardierai de loer la pucele
Qui porta Jhesu Crist; bon s'apela ancele,
Car humelite est de paradis l'eschiele.
II Souv(e)raine humilite en lui s'edefia;
Abigay la sage bien le senefia:
Quant david le vost prendre , tant fort s'umelia;
Les piez de ses sergens a laver s'otroia.
III Par rebe(s)que la sage puis bien la vierge entendre;
Quant ele vit Ysaac,du camel vost descendre;
Quant il [l]'ot espousee, d'amour l'ama si tendre
Que la doulour qu'il ot de sa mere en fu mendre.
IV Se je ce weil descrire que la letre discerne,
Judich la senefie qui ocist Oliferne,
Nostre ennemi cruel qui envers Dieu nous ferne;
Mes cele le sousmist qui partout nous gouverne.
V Ester, par qui d'Aman fu li orgiex cheüs,
Par qui fu delivrez de mort Mardoceüs
Et au pueple Israel fut saluz receüs,
Marie senefie, se ne sui deceüs.

Variantes. ***Madrid*** : 1) pecheor. 2) m'enhardirai ge. 3) buer. B. *a bō, donc* bon. 4) ker. humilite. 5) souvrainne. 6) la 7) la wout. 8) asses s. 9) Reberque, virge. 10) camail. wout deschendre. 11) out. amor. 12) coulor (*sic*). 13) Je voil espondre. leitre. 14) judit. ochit Olimferne. 15) anemi. vers deu nos. 16) chele. soumist. guverne. 17) Aman f. l. orgueuz chauz. 18) Mardocheuz. 19) Israhel. recheuz. 20) decheuz.

Var. *Arsenal* : 1) pecheour. 2) m'enhardiraije. 3) buer. 4) humilitez. eschele. souvraine humilitez en li. 7) la volt. 9) rebeke. virge. 10) el vit. dou chamel volt. 11) il l'ot. amor. 12) dolor. 13) despondre. 14) judic. 15) anemi mortel. 16) soumist. 17) Hester. cui. Amon. orguex. 18) cui. Mardocheus. 20) senefia *écrit deux fois*. se n'en fu.

vi De vo virginite n'est nombres ne mesure;
Celi regarda diex, ce nous dit l'escripture,
Plus qu'une autre vertu; bien est ame seüre
Qui a virginite et humilite pure.
(F. 128 v°) vii Humilite briement nous est escuz et targe,
Les autres vertuz [garde] qu'orgieux n[e s']i esparge;
Et la porte du ciel est basse et [est] poi large:
Qui bas est en bas lieu entre, qui poi se charge.
viii D'entrer en paradis a humbles aventage;
Or soions doncques humble(s), selonc le dit au sage.
Orgieus est fiex de roy et de trop haut parage :
Passer ne daingneroit par si estroit passage.
ix De vo virginite, dame, a plain parler n'ose,
Car de toutes purtez estes et lis et rose :
Abyssa le demoustre, si comme dit la glose,
Qui le roy eschaufa sanz nule charnel chose.
x De votre pascïence, de vostre humilite,
De vostre obedience, de vostre charite
Et des autres vertuz dusqu'en infinite,
Denombrer ne de dire n'ai sens ne dignete.
xi Vo virginite est essample aus vierges sages,
Vo chaasté aux veves, et vostre mariages

Var. *Madrid :* 21) De vos, virgine. mensure. 22) chelui. Dex. che nos. 23) c'une. aseure. 24) a hum. et virg. est pure (*sic*). 25) nos. escu. 26) vertus garde, orgueuz ne s'i esp. 27) deu chiel. petit. 28) em bas liu, carge. 29) em p. avantage. 30) donsques, le dit le s. 31) orgueux. fix. et si est de h. 32) Ne deigneroit p.

Var. *Arsenal :* 21) nombre. 25) Humilitez, escus. 26) Les a. v. garde c'orgueux ne s'i esp. 27) se la p. dou. 28) pou. 30) humble. dou sage. 31) orguex. si haut. 35) Abysac dist. 36) sans. 39) vertus dusqu'a l'inf. 40) dou n. n. dou d. dignite. 41) virginitez. example as virges. 42) chastees.

Aus mariees est honours et aventages;
Ces .iij. estas ensauche vostre trebles estages.
XII Qui tout voudroit conter, il entre en .i. abisme:
Du premerain estat avez le fruit treintisme,
Du secont ensement aves le [se]ssantisme,
Pour acomplir le tiers recevez le sentisme *(sic)*.
XIII De souffrir povrete essample nous donastes,
(F. 129 r°) Car vous et vostre fiex dusqu'en la fin l'amastes.
S. Geroimes raconte que laborer alastes,
A coudre et a filer vo vie gaaingnastes.
XIV Dame, mout par fu simple et quoie vostre vie:
Aus feme[s] vilotieres en devroit prendre envie.
L'angles ne vous trouva a la quarole mie,
Ains vous trouva au temple; la fustes esbahye.
XV Quant Marie ot paour d'un angle en char humaine,
Comment est assëur feme qui home maine
Nuit et jour en sa chambre .vij. foiz en la semaine?
Se lor robes ne soullent, ce croirai je a paine.
XVI Pour garder chaaste ne sai c'une mechine:
Qui poindre ne se veut fouïr covient l'espine.
Chaaste qui se moustre au monde mout tost fine;
Par essample le preuve la dame celestine.

Var. *Arsenal :* 43) as m. honnor et avantages. 44) essauce doubles e. 45) vorroit 46) dou. trentisme. 47) dou. le soissantisme. 48) centisme 49) example. donnastes. 50) que v. 51) Jeromes nous dist. 52) vivre gaaignastes. 53) coie et s. 54) A toutes autres femmes en deust. 55) langle. carole. 56) enclose, s'en fustes esmaye. 57) se M. de l'angle en forme h. 58) iert a. asseür *employé adverb.* cf. ER. ENIDE 2759, etc. 59) seul a seul en s. ch. vij. jors en l. s. 60) soillent. 61) mecine. 62) fuïr convient 63) chastee. 64) par example le truis de damoisele fine.

xvii Dame, que plus vous lo et plus i truis a dire !
Symeon anonça que soffreries martire ;
Voirs fu quant souffri mort et vos fiex et vos sire ;
F(f)ame ne souffri oncques tel douleur ne tel ire.
xviii Dame, el vies testament truis en mainte figure
Comment vous prophetise et loe l'escripture.
Pour ce à l'asembler met m'entente et ma cure,
Que simple ame i puist prendre et soulaz et peuture.
(F. 129 v°) xix Truis dit en la vies loy, et c'est establetes,
Qu'entre vous et Sathan anemiabletes
Netroit, et que ses chies seroit par vous betes.
Il gaitoit vo talon pour trouver foibletes.
xx Ennemis en la fin gaite preudome et tante
Plus qu'au commencement, et plus y met s'entente.
Mais il crient trop la vierge, qui le boute et cravente ;
Qu'il set bien que d'aider son sergent n'est pas lente.
xxi L'arche que Noe fist pour sauver sa mesnie,
Quant peri au deluge li humaine ligni(e) e,
A demoustrer la vierge bien doit estre asigni(e)e :
En ceste arche entrons don pour sauver nostre vie.
xxii Li coulons qui l'olive a l'arche raporta
Gabriel senefie, qui le salu porta
Pour pes d'omme anoncier, et puis le conforta.
Beneoite soit cele arche la ou tel confort a.

Var. *Arsenal :* 65) quant plus. 66) souferriez 67) vostre fiez 68) Femme ne soufri onques ne tel duel n. t. i. 71) assambler. 72) K'essample i puist prendre ame et s. et p. 73) viez loi. establetez. 74) anemiabletez. 75) naistroit. betez. 76) vos talons. febletez. 77) anemis. tente. 78) miex i m. 79) vierge 80) car bien s. aidier. sergant. 81) maisnie. 82) en d. lignie 83) demoustre la virge. alignie. 84) dont. por. 85) colons 88) beneoite soit l'arche.

xxiii En dormant vit Jacob, par grant senefiance,
Une eschiele si longue et par tele semblance,
Du ciel jusqu'a la terre avoit continuance;
Diex i ert apoies qui nous note esperance.
(F. 130 r°) xxiv Par cele eschiele enten du monde la royne,
Par qui pechaour montent en la gloire devine.
L'un[s] chies si est en terre, li autres el ciel fine,
Qu'en ceste mortel char mena vie angeline.
xxv En. vij. espis sa[n]lables, issant d'une racine,
Par qui Joseph au roi fist eschever famine,
Nous est senefiee la vierge formentine,
Qui raempli Egypte et le mont enlumine.
xxvi Li estos est Marie, qui les espis rendi
Dont li vrais pains fu fais et judas le vendi.
Li .vij. espi me moustrent, et je bien l'entendi,
Les dons dou saint esprit qui sont .vij., plus n'en di.
xxvii Pharaon commenda les enfans a noier,
Des ebrieus tous les masles, mais en li fist noier
Moyses qui fu biaus; pour sa vie estoier,
Fu mis en .i. vaissel que en ot fait poisiet (*sic*).
xxviii Par Moïses, qui fu trouvez plorant en l'onde,
Entendons le fil dieu qui fu repus au monde,
Et li vaissiaus poisiez note la vierge monde
Par quoi nous rachata touz de la mort seconde.

Var. *Arsenal :* 90) samblance. 91) dusk'a 93) entent dou. 94) par cui pecheour 95) l'uns chies commence en t. ou ciel. 96) qui char humaine prist par vertu a. 97) Es. samblables. issans. 98) par quoi. eschiver 99) la dame fourmentine. 100) le monde 102) verais pains fu et j 103) et ainsi l'entendi. 104) espir. 105) commanda 106) on li. 107) Moyses *cas obl.* cf. Poeme Moral, 318ᵃ. 108) en un v. on ot, poier. 109) Moysem. 110) Entendon le fill. fu trouvez ou m. 111) li vaissiaus qu'est poïes. virge. 112) racheta tous..

xxix Moysès fist soutil .i. chandelabre faire
De fin or esmere et de moult haut afaire,
Par quoi nous senefie la vierge debonaire,
Qui porta et soustint dou mont le luminaire.
xxx Quant israel issi d'egipte, dou servage,
En semblance de fu ot par nuit aventage ;
Par jour lor fist la nue contre le chaut ombrage,
Si que tous tans pooient acomplir lor voiage.
(F. 130 v°) xxxi Par quoi nous entendons la vierge apertement,
Qui aus issans de vice done enluminement,
Contre ardour de pechie done refroidement
Et pharaon confont en son efforcement.
xxxii Li arche le demoustre ou la mangne fu mise;
La mangne, qui savoure chascun[s] a sa devise,
La daïté demoustre qui en char fu assise
Et s'encharnee fu, pour ce ne fu mal mise.
xxxiii La perce ou li serpens fu mis le vous ensaigne;
Car pour les navrez fu haut dreciee l'ensaigne.
S'aucuns est dont navrez, s'amont regarder daigne,
Certes il iert garis, mais que la perche praigne.
xxxiv Balaam anonça : de Jacob une estoile
Istra, de ceste vierge senefiant sanz voile
Qui ert clartez en mer, el ciel lampe et estoile
Et au samarithan aporta vin et oile.

Var. *Arsenal :* 113) soutill. 115) qui bien nous senefie la virge (*écrit deux fois*) d. 116) porta en ses flans. 117) et de servage 118) feu. avantage. 119) jor. fu la n. n. 120) si qu'il porent t. t. 121) nous est notee la virge. 122) qui en ce siecle a fait bon e. 123) ardeur 124) et son 125) manne. 126) Car manne 127) deite. en char se f. mise. 128) por. 129) perche. le nous. 130) qui por l. n. drecie en ens. l. 131) s'auc. hom est n. et haut r. 132) certes bien est g. 133) Balaan. 134) i. qui c. virge senefie 135) est. u ciel et.

xxxv Du viaure Gedeon ne me doi mie taire
Qui seus fu arousez, d'entour lui seche l'aire.
En lui plus qu'en .i. autre se vost plus grace atraire,
Et la terre ebreose d'entour lui seche faire.
xxxvi Li nes vessiaus ou fu cele rousee enpainte
Marie senefie, qui est et vierge et sainte,
Car ele fu de dieu sanz charnel chose ensainte (*sic*)
Et pour ce ne fu oncques mains [vierge] ne plus fainte.
(F. 131 r°) xxxvii David en sa fondefle .v. pierres amassa;
De l'une a Goulias le chief fraint et quassa.
La pierre e[s]t Jhesu Crist qui l'ennemi lassa,
La fondeffle est Marie qui des biens le masse a.
xxxviii Ancoste betleem avoit une fontaine
Que David convoita, s'en ot a quelque paine ;
Par quoi nous entendons la roïne souv(e)raine
Qui diex ama et quist, car de vices fu saine.
xxxix Salemons fist .i. trone : la matere ert d'yvoire;
De fin or le vesti, si comme dist l'ystoire,
Qui bien nous senefie la roïne de gloire,
En qui diex s'aombra et s'assist sanz mescroire.
xl Ivoires, qui est blans et de froide nature,
Virginite demoustre, qui est et nete et pure.

Var. *Arsenal :* 138) arrousez. ent. fu seche. 139) en li. si volt miex g. traire. 140) La virge ebreeuse. li 141) Vaissiaus. 142) Demoustre k'en li ot la deite enprainte. 143) sans c. coupe ençainte. 144) onques mains virge ne mains sainte. 145) en une fonde 146) l'une G. frainst. 147) est Jhu cris. anemi. 148) Et la fonde. la. 149) En coste. 151) royne souvraine. *Cfr supra, 5 idem.* 152 que diex. visce. 153) trosne. ivoire. 154) estoire. 155) royne. 156) En cui. et se mist sans. 158) qu'ele ot et n.

Li ors, qui en la terre dure sanz pourreture,
Charite nous demoustre, dont ele ot vesteüre.
XLI Dame, bien vous demoustre la feme serpentine *(sic)*
Qui elyas reput u tans de la famine :
Premiers li fist .i. pain de son tant de ferine,
Pour ce ne li porta rancune ne cuerine.
XLII Dame, il fut [moult] chier[s] tans ains que vous fussiez nee :
La vies loi estoit dure, gens estoit afamee.
Par vous avons bon tans, grace avom recovree;
Car celui repeüstes par cui fustes criee.
(F. 131 v°) XLIII Ains que ma bouche cloe ne ma raison destraigne,
De Jericob dirai, de la terre brehaigne,
Comment radouci l'yaue par helizeu ovraigne,
Quant au novel vaissiau le fist au sel compaigne.
XLIV Li noeus vessiaus demoustre vo(s) cors qui fu si chastes,
Li seus, la sapience de dieu que vous portastes,
Jericob est li mons ou plante raportastes,
Quant le sel de sience en vos sains flans portastes.
XLV Juïs, or as oï comment, par quel figure
Nous est senefiee la vierge en escripture.
Quant ce ne vieus entendre moult as la teste dure,
A la paille te tiens et dou bon grain n'as cure.

Var. *Arsenal :* 159) porreture. 160) nous ensaigne. 161) sareptine (*évidemment la bonne leçon Cfr Rois* I, 17). 162) k eliseus, ou tans de sa f. 163) de farine. 164) pour ce n'en defailli ne li oiles (*écrit deux fois*) ne fine. 165) D. moult fu c. t. ainçois que f. n. 166) lois. gent erent. 167) avons recouvree. 168) cree. 169) mon livre cloe et restraigne. 170) jerico. cele t. 171) coment radoucist l'iaue par elysee ouvraigne. 172) nouvel vaissel et au s. fu c. 173) nues f. chastes. *M. Tobler me signale un passage de ses* Vermischte Beitraege (p. 199) *où il est question d'une " attraction " qui justifierait la forme* vos. 174) le sel. 175) Jerico. 176) science. vos flans en mielastes. 177) oy. 178) virge en t' escr. 179) vues.

XLVI Tu (ne) dis: “ Ce ne puet estre; raison i a estraigne
Que vierge porte enfant et que vierge remaigne„
Du buysson moysi me di par quel ovraigne
Il sembloit qu'il arsist, n'ardour ne le mehaingne.
XLVII Dist Moyses: “ g'irai veoir la vision,
Comment c'est qu'il me semble qu'il art sans arcion „.
Par quoi nous entendons cele incarnacion,
La ou diex s'aombra tout sans corrupcion.
XLVIII Pour ce que Ysrael ot d'aaron envie
Moïses une verge de chascune ligni(e)e
Mist ens ou tabernacle, et chascune ert seigni(e)e :
La verge aaron flouri; pour ce ot il la mestrie.
(F. 132 r°) XLIX La seche verge aaron, qui porta fueille et fruit,
L'anfantement Marie nous ensaingne et estruit.
Juïs, car i entent: seveaus non ne t'annuit;
Entresque il est jours garde qu'il ne t'annuit.
L Seche verge porta sans tans et sans racine.
Marie qui ot tans, (je te met a jehine),
Pour [quoi] ne portast ele par la vertu devine
Celui qui tout puet faire, a qui nature acline?
LI Ezechiel nous dist, en la lettre sanz glose,
Que devers oriant vi(n)t une porte close;
Diex entra en celui, autres entrer n'i ose:
La vierge a son chier fil entens par ceste glose.

Var. *Arsenal :* 181) tu dis. y. 182) virge. *Peut-être faut-il lire* porce *dans B., ainsi qu'au vers 304.* 183) du buisson. quele ouvraigne. 184) sambloit. ardor. mehaigne. 185) je vueil, dist moyses, v. 186) samble. arsion. 187) Par ce nous senefie cele. 188) corruption. 189) Israel. 190) Moyses. lignie. 191) prist et el t. mist c. saignie. 192) aron flori : por. baillie. 193) aron 194) l'enfantement. ensaigne. 195) enten se di voir ne t'anuit. 196) Entruesque. jors. t'anuit. 198) gehine. 199) Pourquoi. 200) a cui nature encline. 201) te dist. sans. 202) orient vit. 203) celi. i. autre e. 204) virge et son chier fill enten.

LII Ceste porte est Marie qui d'orient est nee:
Diex issi et entra, et tous tans fu fermee.
D'un[e] autre ne puet estre, c'est veritez provee,
C'on y peüst entrer sans estre desfermee.
LIII Ne vois tu le soleil trespercier la verriere,
Ne point n'est corrumpue quant il s'en trait ariere?
Mout puet dont bien ce faire cil qui cria lumiere
Qu il entrast en la vierge et la gardast entière.
LIV Se une boiste garde .i. seul jour letuaire,
Pour ce n'en est pas pire, mais touz jors miex en flaire.
Mout doit souef flairier la vierge debonaire,
Qui le fil dieu porta .IX. mois en son aumoire.
(F. 132 v°) LV Cele pierre tremchie sanz mains en la montaigne
Qui la grant estature amenuise et mehaigne,
Et si est tant creüe que n'est lieus ou n'ataigne,
Ce est diex qui nasqui tout sans charnel compaigne.
LVI Jeremies raconte : " Diex miracle fera;
F(f)eme, ce dist la lettre, home avironnera. " —
La prophecie est vraie, ne ja ne faussera :
Hom est diex qui en feme s'enclost et enserra
LVII Juys, quant vous veez que je ai tant d'aïes
Par quoi vos raisons sont et closes et hayes,
Quant dieu ne voulez croire mout estes gens haïes.
Ce meïsmes tesmoigne vos prophete Ysaïes :

Var. *Arsenal :* 205) cele p. oriant fu n. 207) d'autre ne peüst. prouvee. 208) c'om i p. e., sel ne fust deffermee. 210) Qui p. corrompue q. s en retrait a. 211) bien dont. crea. 212) virge. 213) S'on g. en u. b. jor. laituaire. 214) tous. 215) dont d. 216) fill. en clost. aumaire. 217) trenchie, sans main de l. 219) riens ou n. 221) anonce. 222) femme. 223) voire 224) ce est d. qui en femme. ensera. 225) Juis. *Pour ce nom. sg.* cf. ANIEL, *2e ed. 33; déjà M. Scheler avait noté le fait dans* BAUD. DE CONDÉ, p. 427. vees. ayes 226) mes r. encloses et haiies. 227) q. ce ne v. hayes. 228) meysme Ysayes.

LVIII Il dit en prophecie : “ Vierge concevera,
Il ne dit une feme, mes fil enfantera.
Emanuel li nons de cel enfant sera. „ —
C'est .i. nons qui nos cuers nous perce et percera.
LVX Emmanuel autant en no langage sone
Com diex avecques nous, par quoi je t'araisone
Que c'est diex qui nasqui de la vierge personne.
Mais ta loi pervertis et l'escripture est bone.
LX Juïs, pourquoi vos ames des grans pechies chargies ?
Vees, de jour en jour par le mont espargies.
Venez a verite, sachiez que trop targies,
(F. 133 r°) Seviaus non pour paour que en infer n'argies.
LXI Jacob dist de judas, bien le vueil retenir,
Que ceptres ne fauroit ne dus a maintenir,
De si la que venroit que est a avenir.
Vous n'avez roy ne conte, pieça prist à fenir.
LXII Donques a vous confondre m'aatis et aesme,
Et si pruis par raison et par vo loy meesme
Que cil est ja venus qui nous oint de son cresme :
Donques targiez vous trop a recevoir baptesme!
LXIII Daniel nous raconte que oncions cessera
Quant li sains des sains ert nes et venuz sera.
Puis qu'oncions te faut, dire te convenra
Que cil est ja venuz qui le mont sauvera.

Var. *Arsenal :* 229) dist et prophetise : virge 230) dist mie fille mais fill. 231) Emmanuel. cest. 232) uns nons. vos. vous 233) sonne 234) d. soit avoec n. araisonne. 235) virge 236) bonne. 237) juif. de g. pechiez 238) voies. espargiez. 240) se tant non. enfer. argiez. 241) Juda 242) faudroit. dux. 243) dusqu a tant q. v. cil qui e. a venir 244) roi 246) et vous p. par vostre loi m. 247) oinst. 248 dont atendez v. 249) c'onctions. 251) *id.* 250) iert. venus 251) dire t'estouvera. 252) venus.

LXIV Tu dis que li cors dieu puet bien amenuissier;
Tant prent on en .i. puis c'on le puet espuisier.
Mais tele autorite ai oïe puisyer
Dont je voudrai ma lange envers toi aguisier.
LXV Or oies de vo loy ma raison et ma proeve :
De la mangne qui chiet en maniere de plueve
Moïses i. gomer a chascun prendre roeve;
Qui plus prist plus n'en a, ne li mains mains ne troeve.
LXVI Cele mangne devine moustre en senefiance
Dieu en forme de pain, tele est nostre creance,
Et si est departis tant qu'e[s]t l'aparissance :
Si n'est il q'uns seus dieu[s] en ce (*sic*) propre sustance.
(F. 133 v°) LXVII Un essample te di qui n'est pas trop estrange,
Et qui le veut prover .i. sierge (*sic*) arda[n]t esprangne;
S'en pues. C. alumer que sa clartes n'estanche,
Et pour ce sa clartez n'amenuise, n'engrangne.
LXVIII En tel maniere est-il de nostre sacrement
D[u] vrai cors dieu c'on sacre a l'autel proprement :
Chascuns hom le puet prendre sans amenuisement.
Qui ce ne croit, il fait a s'ame nuisement.
LXIX Esgarde .i. mireoir (que diex pardon te face) :
Ja, pour grandor qu'il ait, n'i verras fors ta face ;

Var. *Arsenal :* 254) en un p. 255) veue puisier. 256) vorrai. langue 257) oez. loi 258) manne 259) moyses 260) et li m. plus en rueve. 261) manne 263) dusqu'a la. *B. a* qt, *donc* quet. cfr Wattenbach *Anl. z. lat. pal.*, 4e ed. p. 76. 264) Si n. c'uns. diex e. sa p. 265) examples 266) se tu le veus prouver. i cierge ardant me prenge *Sur* a *de* ardat *le signe de la nasale est omis dans B.* 267). C. en p. a. ne sa clarte n'en change 268) Ja por ce. grange 270) dou c. d. que sacrons sur l'a. u *de* urai *est omis dans B.* 273 Regarde 274) por grandeur. c'une f.

En. ij. pars ou en. iij. le me frai [n] et esquace
S'ert ta face en chascun, n'est nu(l)[s] qui(de)ce[ne]sace.
LXX Soit chose qu'il ait ci de gent une grant route,
Et li uns en paraut et il soit qui l'acoute (*sic*),
La parole chascuns emporte saine toute ;
Pour ce n'a sa parole perdue ne deroute.
LXXI Ainsi est dou cors dieu, par la raison qu'ai dite.
Tant t'ai dit d'un et d'el qu'envers toi bien m'aquite.
L'escripture si dist que la foi est petite
Que umaine raison proeve, et n'a point de merite.
LXXII Dame, encor vous gart je a bone bouche faire.
Les juïs lais ester, car trop sont de male aire;
Pour raison c'on lor die, on n'en puet raison traire.
Diex lor doint connuissance si con il le puet faire!
(F. 134 r°) LXXIII De Jerusalem estes la prouvee pechine,
Ou li malade atendent secours et medecine.
Dame, mouves vo nave, ou pities s'enracine ;
Saves moi, car pechie [s] m'a ja ploie l'eschine.
LXXIV Envers nos ennemis faites nostre avengarde ;
Quant vous voient n'i a si hardi ne se tarde.
Vous ietes la cite ou li fuitis n'(ont) [a] garde,
Qui son proisme a ocis, mais que d'issir se tarde.

Var. *Arsenal :* 275) En vj ou en vjj. frain et esquache. *Dans. B.* e. *est ajouté postérieurement à* frai 276) s'iert ta forme. nus q. ce ne sache 278) d aus parole. l'escoute. 279) enporte 280) et si n'est pas pour ce malmise ne derroute. 281) Aussi. k'ai 282) que vers 283) ta fois 284) En mainte raison prueve que n'as p. 286) qui t. de putaire. 287) P. example c'on d. n'en p. on r. 288) doinst. conscience. 290) et s. et mecine. 291) pitez 292) Sanez. que pechiez. ploiie 293) anemis. avangarde. 295) estes. citez. n'a. 296) garde.

LXXV Dame, je connois bien que ma force est petite
A vaincre l'ennemi et tost ert desconfite.
Mais quant me voi a pie, je qeur a la garite
Qui maint home a fait sauf et de mort le respite.
LXXVI Vous estes ospitaus et maisons dieu commune,
Ou la gent mehaignie pour herberger s'aüne.
Quant hons est si menez qu'il n'a ne. ij. ne une,
S'à vous vient, vuis n'en va, grace n'enporte aucune.
LXXVII Quant je sui si menez que ne sai mais ou traire,
A dieu ne a ses sains ma vie ne puet plaire;
Lors n'i a tour q'un seul : a vous fais mon repaire,
Car de misericorde estes la noble aumaire.
LXXVIII Pour noient n'est ce mie c'on vous apele mere,
Car mere envers son fil ne porroit estre avere.
Se vous estes no mere, dont est Jhesus nos frere(s) :
Ne souffres qu'entre freres ait ja discorde amere.
(F. 134 v°) LXXIX He! Dame de douçor, fluns de misericorde,
A vous et a vo fil a [i] meü la descorde.
Anemis m'a loie et lacie de sa corde :
Desliës ces liëns et me faites m'acorde.
LXXX Se je sui eslongies de vous par ma folie,
Nequedent a bien faire mon cuer ades jo lie

Var. *Arsenal :* 298) l'anemi. est. 299) Keur 300) mains homes fait s. et de la m. r. 301) hospitaus 302) gens. herbergier. 303) hom. 304) mais g. enporte 305) mais ne s.306) ne puet m. v. pl. 306) *bis.* et temptacions vienent et ma chars m est contraire. 307) dont ni a c'un .fas. 308) *manque dans ce mss.* 309) sans raison n. 310) fill ne doit pas e. amere. 311) Se n. sommes vo fill. frere. 312) soufrez. 313) douçour. doiz de. 314) fill ai menee discorde. 315) liie 316) deliies ces liiens et f. ma racorde 317) eslongiez 318) mes cuers.

En atante de vous, qu'ades dones aye
A çaus qui a bien beent, por ce ne m'esmoi mie.

LXXXI Dame, de vous loer n'ai nule dignite,
Mais j'ai presompcion de vostre charite ;
Nului ne despiciez pour nule iniquite,
A voustre menest(e)rel faites vo largete.

LXXXII Drois est a haute dame qu ele [ait] nete mesni(e)e,
Courtoise et bien vestue, c'on n'en puist gaber mie ;
Uns sui de vos sergens : or nestoiez ma vie
Et si me dones robe, car nus n'irai je mie.

LXXXIII Ma robe d'ignocence ai usee et deroute ;
Au mont que j'ai servi ma paine ai perdu toute.
Dame, or vous vueil servir et estre de vo route,
Car largement paies; n'est nus qui de ce doute.

LXXXIV Pour ce qu'a moi aidier vo pities plus [s'] esmoeve,
D'escripture devine vous weil faire une proeve :
Raisons et drois si dit que s'aucuns perte treuve,
Rendre le doit celi qui c'est, quant il le roeve.

Var. *Arsenal :* 319) En tesmoigne. donnez. 320) esmai 322) presumption. 323) despisiez por 324) vostre jougleour 325) qu'ele ait nete 327) Sergans. netoies 328) donnez 329) innocence. descoute 330) quant g' i servi. 333) K'a m. pites miex s'esmueve. 334) vous ferai une prueve 335) dist se aucuns. trueve 336) la d. r. celui cui ele est q. l. rueve.

Mss de Madrid. 321) vos loier. dignete. 322) Mes.presontion. 323) despisiez par nulle 324) Ne vostre jougleor. 325) que ele ait naite 326) cortoisse. qu'en ne puet 327) serjans. neitoiez 328) donnez. quer. 329) La. innoscence. descoute. 330) monde quant g'i servi. i perdi 331) vos voill. vos toute. 332) ker. paiez. nul. chen. 333) Porchen. vos pithe, p. se move. 334) vos voil dire u. prouve 335) droit. dit se aucuns pert et trouve. 336) la dlui qui el. e e. ceq. la rouve.

(F. 135 r°) LXXXV Li angles a vous dist que grace avies trouvee,
Et je sui cil qui l'a perdue et desmanee.
Se vous tenes la loi que diex a commandee,
Rendre le me devez, car vous l'ai demandee.
LXXXVI Dame, mout gaaigne on a vous de cuer servir,
Car le regne dou ciel y puet on deservir.
Mais l'amour dou mont faut et fait l'ome aservir
Et les vertuz enchace et les en fait fuïr.
LXXXVII En amour commençai, en amour vueil finer :
On dit qu'amours vaint tout, mon cuer y voil cliner.
Or proi dieu par amours qu'il vueille enluminer
Nos cuers, et qu'il weille estre a nostre definer.

Var. *Arsenal :* 337) si vous dist. avez. 339) tenez 340) quant vous. 341) gaaignons eu v. 342) i poons desservir. 343 l'amours. l'omme asservir 344) et les f. anervir. *Entre* 344 et 345 (str. LXXXVI et LXXXVII) *sont insérées dans le mss de l'Arsenal 7 strophes, soit 28 vers, qui manquent au mss de Berlin et que M. Meyer a publiées* (*Bulletin etc. p. 45 note*) 346) dist amours. 347) vueil. 348) pri.

Var. *Madrid :* 337) angre si vos dit. grasse avez. 338) quil l'ai. 339) tenez. loy que nos avez donnee. 340) la moi. c'a vos l'a conmandee. 341) i gaaignerons a vos. 342) ke. del chiel i 343) Mes l'amor du monde. omme asservir. 344) vertus. l. f. assernir. 345) amor conmenchai. doi fimer. 346) L'en. amor. i woil clinner 347) pri Dex : amor. woille. 348) woille. definner.

www.ingramcontent.com/pod-product-compliance
Ingram Content Group UK Ltd.
Pitfield, Milton Keynes, MK11 3LW, UK
UKHW021002220726
13924UKWH00002B/858